Horton · Schubert
Über den Wassern zu singen

Wasser ist Leben. Keine Pflanze, kein Tier, kein Mensch kann ohne Wasser existieren. Die großen, fruchtbringenden Ströme wurden zur Wiege der ersten Hochkulturen. Und bis heute nutzt die Medizin die heilende Kraft bestimmter Quellen, um Leiden zu lindern und Krankheiten vorzubeugen.

Für Wasser gibt es keinen Ersatz. Aber seine Reinheit ist bedroht. Deshalb ist die Verantwortung für diesen Grundstoff immer auch Verantwortung für die Natur und unsere Umwelt schlechthin.

Mit der Unterstützung dieses Buches, mit neuen Abfüllbetrieben, die höchsten ökologischen Anforderungen genügen, und mit ideellem und finanziellem Engagement für die Erhaltung unserer natürlichen Lebensgrundlagen wollen wir neue Zeichen setzen. Für das Wasser. Für die Natur. Und für den Menschen.

Peter Horton · Kurt Schubert

Über den Wassern zu singen

rosenheimer

> „Wir verstehen sie nicht (die Weißen), wir glauben, daß sie verrückt sind ... Sie sagen, daß sie mit dem Kopf denken."
> „Aber natürlich, wo denkst du denn?" fragte ich erstaunt.
> „Wir denken hier", sagte er und deutete auf sein Herz.
>
> C.G. Jung im Gespräch mit dem Pueblo-Häuptling Ochwiä Biano (Erinnerungen, Träume, Gedanken. Olten 1986)

Wasser, Wolken, Licht und Wesen bilden die geistigen Elemente dieses Buches. Welch ein Feld für photographische und sprachliche Nachdenklichkeiten und Poesie! Begriffe von verlockender Symbolik, aber auch von markiger Repräsentanz dessen, was uns zu entgleiten scheint, nämlich der Natur als Inbegriff von Leben, Sinn und Gesundheit.

Darf man angesichts sterbender Gewässer, vom Smog verdunkelter Firmamente und einer allgemein anerkannten Lieblosigkeit als Merkmal emanzipierter Weltbürgerlichkeit ein Buch über die Schönheit von Wasser und Wolken machen? Darf man aufgeklärten, realistisch denkenden Menschen Bilder und Texte anbieten, die eine verinnerlichte, moralisch-religiöse Weltverbundenheit offenbaren? Darf man in einer Zeit, in der es schick ist, sich auf einen angeblich bevorstehenden Untergang von Mensch und Welt einzurichten, irgend jemanden einladen mit einem „Über den Wassern zu singen"? Kein Zweifel, man darf es nicht; deshalb muß man es.

Wasser ist mehr als H_2O, mehr als eine flüssige Spielerei der Physik, es ist eine seelische Wirklichkeit dieses Planeten, ein Medium, das nicht nur unsere äußere Wahrheit, sondern auch unsere innere sichtbar macht. Wasser, welches weltweit seine selbstregenerierende Vitalität verlöre, wäre eine Katastrophe von unvorstellbarem Ausmaß, neben deren biologischer Dimension eine seelisch-geistige stünde, für deren Schrecklichkeit in unserer Psyche noch gar kein Maß existiert.

In unserem Denken und Handeln bringen wir oft Segen und Nutzen durcheinander. Segen ist transzendenter Nutzen. Es gibt relativ „Nutzloses", das voller Segen sein kann, etwa ein Konzert, eine Umarmung oder ein Sonnenaufgang am Meer. Handeln unter dem ausschließlichen Blickwinkel des Nutzens verjagt jeden Segen. Irgendwann aber entsteht gerade aus der Einseitigkeit etwas Neues, das mitunter sehr viel mehr leistet, als eine bloße Wiederherstellung alter Gültigkeiten es könnte: Die Übernutzung der Natur und ihr Zurückweichen aus der Selbstverständlichkeit hat ein völlig neues Bewußtsein bewirkt – noch nie in der Geschichte hatten Menschen ein so aufgewühltes Empfinden für klares Wasser und frische Luft, eine so vitale Sinnlichkeit für Natur, wie heute. Angesichts der bereits bis in die Antarktis reichenden Schäden werden viele Menschen von einer zuvor nie gekannten energetischen Trauer durchwalkt, die echtes Fragen bewirkt hat. Ein Bewußtsein, das aus begangenen Fehlern entsteht, greift ohne Zweifel tiefer und weiter als eines aus untätiger

Schuldlosigkeit und ist eine Quelle von Güte. Sensibilität ist gewissermaßen die höhere Oktave von Leid und Schmerzfähigkeit.

Wie leicht läßt man sich hinreißen, die Welt in eine gute und eine verwerfliche Hälfte zu spalten. Genau betrachtet ist das jedoch ein Akt der Lieblosigkeit, ein Verrat an der Welt als Ganzheit. Denn immer da, wo die Liebe zu ihr keine angenehmen, schmeichelhaft abgepolsterten Ziele findet, wird sie entzogen und manchmal in unverbindlichen ideologischen Träumereien vertrödelt. So entstehen vermeintlich feindliche Gegensätze wie Natur und Technik, Menschlichkeit und Industrie oder Weisheit und Wissenschaft. Dabei ist die Technik auch ein verlängerter Arm der Hoffnung, und Wissenschaft und Industrie können in den Händen eines im humanistischen Sinne fortschrittlichen Unternehmertums neben ihrem Nutzen großen Segen für die Menschheit stiften. „Menschlich" bzw. „humanistisch" sind nur moderne Lesarten des Begriffs Seele, und davon gibt es mehr, als ein flotter Blick in den Vordergrund aufspüren mag. Zwar steht dem Fleiß der Hände und Hirne eine Trägheit des Herzens gegenüber, und wir sind wissenschaftlich und technisch unserer seelischen Entwicklung weit voraus. Solange man aber überhaupt etwas sieht, ist es nicht dunkel, solange man zumindest noch Schmerz empfindet, steht der Sinn nicht vor ver-

schlossener Tür. Die Wahrheit ist wie der Mond: Auch wenn sie sichtbar ist, verbirgt sie stets eine dunkle Seite. Wer wirklich liebt, bietet auch der dunklen Seite der Wahrheit eine Herberge in seinem Herzen.

Das vorliegende Werk ist gewissermaßen ein Arbeitsbuch für Herz und Seele, den Kraftwerken der Menschlichkeit. Jeder, der sich trotz der zivilisatorischen Forderungen nach Härte und einem dicken Fell Empfinden und seelische Verletzbarkeit bewahrt hat, kann aus diesen Licht- und Sprachbildern Kraft schöpfen. Der Geist des Wassers, das Meer, Wolken und Licht, Zeit und Ewigkeit werden darin zu sprechenden Wesenheiten, die auch im Inneren jedes Menschen vorhanden sind.

Obwohl die Bilder auf den folgenden Seiten aus unseren Tagen stammen, mögen sie vielleicht Sehnsucht nach paradiesischer Vergangenheit wecken. Der schmachtende Blick zurück aber ist uns nicht gemäß. Der Aufbruch aus dem Paradies ist ein nicht umkehrbares menschliches Glück. Keiner kann aber die brodelnde Zeitmasse mit ihren Erschütterungen nur unverbindlich zur Kenntnis nehmen oder von vertrauten, alten Standpunkten aus verarbeiten. Man kann sie überhaupt nicht „verarbeiten". Vielmehr drängt uns die Zeit mit ihren tief an unseren Wurzeln rüttelnden Beben in eine innere Aufbruchhaltung zu einem neuen Menschsein.

 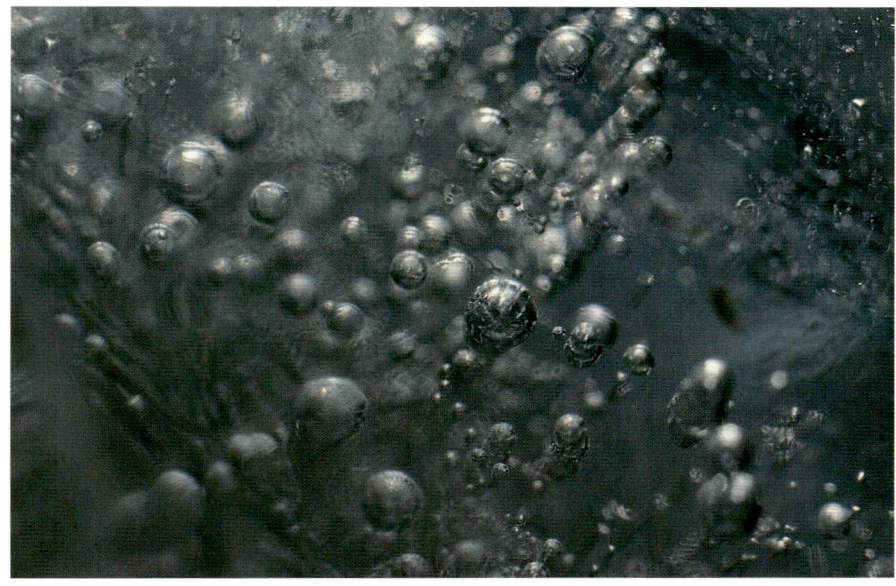

Fotos und Gedichte erschließen die Liebe auf den zweiten Blick: Berührung durch Er-Innerung. Es gibt zwei Arten von Erinnerung; im einen Fall ist sie ein Sitzmöbel für Vergangenheit, im anderen ein Fahrzeug für die Gegenwart, vielleicht sogar in die Zukunft. Alles zu seiner Zeit. Dieses Buch ist gedruckte Hoffnung. Es zeigt die Freuden betrachtender Innerlichkeit und Nachdenklichkeit, aber auch, wovon es Abschied nehmen hieße, wenn es uns nicht gelingt, die Kluft zwischen Wissen und Wollen zu schließen und die ethischen Grundlagen allen Wünschens und Handelns auf eine neue Ebene zu heben, die bestimmt wird von wesenhaftem Mitgefühl mit jeder Kreatur. Ein solches Mitgefühl ist nicht zu verwechseln mit Almosen an Sklaven, die einem das Leben angenehmer machen. Das Buch ist eine Danksagung und will das Schauen läutern; dabei will es den inneren Blick und den Mut des Lesers auf den Silberstreif am Horizont lenken, der längst von der Geburt eines neuen Denkens und Naturgeistes kündet.

9

Die Freude dieser Schöpfung brennt
im Glitzern jedes klaren Bachs,
im flammenden Eis
seiner fließenden Emsigkeit.
Geschäftig eilt sie,
schnurpelt, spritzt und zischt
und bildet kauzige Wichte,
die gurgelnd und kichernd
im Bart des Mooses turnen;
als Kinder der Schwerkraft,
als Myriaden Gesichter eines Wesens,
das das Geheimnis der Sonne kennt.

Im Tosen der Elemente
bin ich stark.
Die Wildnis dieser Erde
teilt Nacht für Nacht
die Dunkelheit mit mir
und Tag für Tag das Licht;
sie ist mein bester Freund.
Ein Stein genügt mir mittendrin
für mein Gefühl von Heimat.

Wenn Ganymed, der Bach, spricht, neigen sich ihm Bäume und Blumen zu. Die Erde umfängt ihn, und Wesen an Wesen schart sich Leben um ihn, damit kein Wort vergehe ohne Berührung zu fühlenden Wesen.

Und Ganymed sprach: Ich bin ein Sohn der Sonne. Mein Silber ist der Nachtglanz ihres Goldes, mein Gesang ein Echo ihrer Wahrheit. Mein Spiel ist ein Funken ihres Sinns. Ich wurde ausgesandt als Nerv des Ozeans, bin seine Tast- und Arbeitshand, die sich mit dem Licht der Sonne in die Sphären hebt und mit der Schwerkraft des Planeten senkt, um das Rad des Lebens zu drehen. Und so wasche ich das Angesicht der Erde, sammle die Seufzer der Verliebten und die Tränen der Verlassenen, den Schweiß der Ruhelosen und die Andacht der Gelassenen und trage sie als Botschaft des Lebens weit hinter den Horizont. Ich bin ein Teil des großen Atems, der nur ein Ziel kennt, die Erschaffung von Liebenden.

16

Wasser, Blut der Erde, trinkbare Seele des Planeten. Mit seinen Quellen, Bächen und Flüssen greift das Meer die Kontinente ab. Mit fließenden Händen umarmt es alles Irdische. Milliarden glitzernde Finger tasten nach der Süße des Lebens und der Bitterkeit seines Schattens. Singend in den Wäldern und tanzend mit dem Tau als Elixier des Morgens; ächzend unter der Bürde unserer Ausscheidungen als Lymphe der Nacht. Wasser, flüssiger Geist, Schweiß der Barmherzigkeit; nur im Mäander ist es frei und tänzelt trunken vor Freude durch das pralle Land. Ein geordnetes Bett ist sein Gefängnis, in dem es seine Lauterkeit verliert und nur mehr dämmernd träumt von der verlorenen Zärtlichkeit selbstgebauter Ufer. Wasser darbt im Kerker der Zweckmäßigkeit, und die Landschaft stirbt an geknechtetem Wasser.

Wasser, wenn deine Stunde schlägt, schlägt sie mir.

Manchmal bin ich
ganz geborgen in der Stille
und fühle um mich
viele Welten atmen.
Nach unten sind sie endlich,
nach oben ohne Grenzen.
Ich bin ein Wesen der Mitte
auf dem Weg in allen
Dimensionen.

Der See ruht still
im schlummernden Morgen.
Die Berge stehen schemenhaft.
Schweigend, wie Wächter seiner Ruhe
wiegen sie ihn zart und machtvoll
zwischen ihren Leibern.
Wie ein Kind im Schutze seiner Ahnen
liegt er da und birgt die Stille,
welche nicht berührt und doch genährt wird
vom Brausen und der Eile aller Wasser,
die in ihm ihr Ziel erreichen.
Einer war gekommen sich zu finden
in der Einsamkeit des alten
und erhabenen Spiels,
einer, den das Leben karg gehalten hatte.
Das Flackern seiner Lampe
war verschlungen worden
von der Unersättlichkeit der Nacht.
Jetzt steht er hier
und greift mit seiner Freude
in den ersten Strahl der Sonne.

Es war einmal eine kleine Pfütze. Sie war von fröhlicher Gesinnung und fürchtete sich nur vor der Sonne. Wir freundeten uns trotz unserer Verschiedenheit ein wenig an. „Grüß Gott" sagte sie zu mir, und ich konnte nicht umhin, das als ungewöhnlich zu empfinden. Bereit, sofort meiner Wege zu gehen, falls sie mich nur hätte narren wollen, fragte ich, wie sie darauf käme. Statt einer Antwort nahm die kleine Pfütze alle Kraft zusammen und spiegelte mir die ganze Weite des Himmels.

Wir führten lange Gespräche über ihren Vater, den Regen, und auch darüber, daß sie sich vor der Sonne fürchtete. Vielleicht ist es mir gelungen, ihr diese Furcht zu nehmen. Sie wurde sehr nachdenklich, als ich ihr von der Weite des Meeres erzählte, vom Spiel seiner Fische und der glitzernden Freude in den Falten seines Angesichts. Ich erzählte auch, daß das Meer die Heimat und Geborgenheit aller Pfützen der Welt sei und daß alles Leben des Meeres und der Erde aus der Sonne käme; auch das Leben der Pfützen.

Als der Abend aus dem Osten herbeieilte, als hätte er ein Rendezvous verschwitzt, stolperte er fast über die kleine Pfütze und mich. Wir waren so versunken in unserem wortlosen Gespräch, daß wir ein Teil der Landschaft geworden waren, die uns atemlos umfangen hielt.

Als ich einige Tage später wieder vorbeikam an der Wohnmulde meiner nassen Freundin, las ich ihre Nachricht in der tanzenden Sonnenluft: „Du hast meine Sehnsucht geweckt. Als die Sonne mich umarmte in all der frisch entdeckten Zärtlichkeit, konnte ich nicht widerstehen und tanzte mit ihr empor zu den Pfaden der Wildgänse, die mir den Weg zeigen werden zum Meer. Komm bald! Und vergiß nicht – Grüß Gott!"

Stille ist der Glanz
der Ewigkeit.
Wer Stille empfindet,
lauscht seinem höheren Selbst.

Im Un-Scheinbaren finde ich
oft eine Handvoll Staunen,
im Gewöhnlichen ein Wunder,
und im schlichten Sinn
erfahre ich den Über-Sinn.

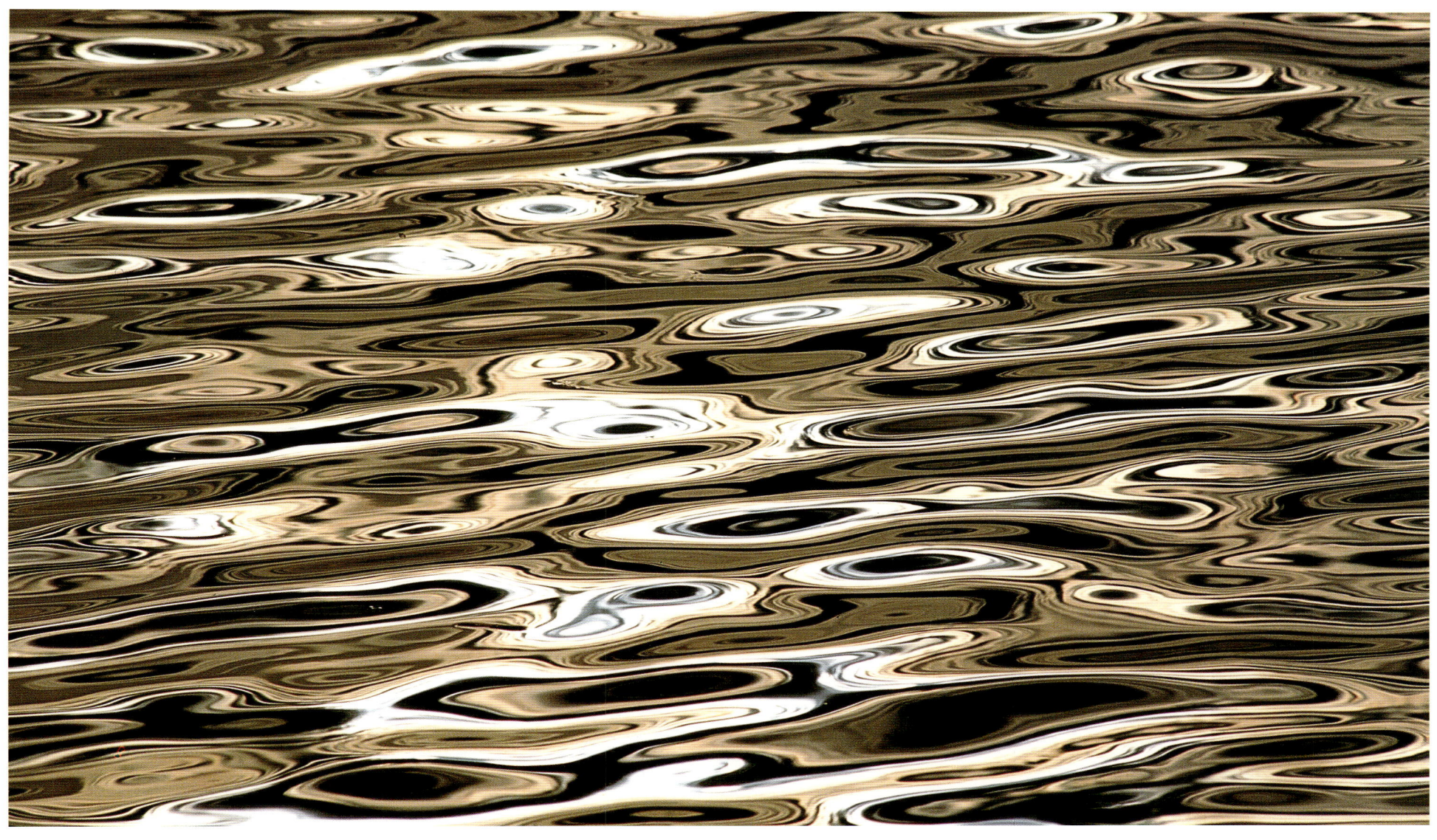

Wasser ist Traum, Musik
und Sinnlichkeit der Materie.
In seiner Erregung,
seinen Rhythmen und Hymnen
und in der Art,
wie es mit Lichtern wirft,
spiegelt sich das lustvolle
Geheimnis des Alls.

Nur wer schweigen kann,
schauen und lauschen,
kommt zum Sinn.
Der andere gleicht dem Löffel,
der in der Suppe wohnt
und nichts
von ihrem Zauber schmeckt.

Wasser ist flüssige Kühle der Sonne,
un-scheinbarer Bruder des Lichts,
als Bote zwischen Oben und Unten
mit erhabener Sorge betraut,
als Hüter des Lebens
und Architekt des Augenblicks.
An feierlichen Morgen
spielt das Wasser gern
den Butler Ihrer Majestät,
reicht ihr beflissen
Seidennegligé und Spiegel,
womit sie sich,
von zarten Schleiern umgeistet,
im östlichen Fenster drapiert.
Dann genügt ein Augen-Blick,
um ein Seelchen zu vergolden.

Bernsteinfarben
singt die späte Sonne
über den Wassern
ein flammendes Gebet der Stille.
Und Lauschen und Schauen
sinken mit der Dämmerung
hinüber in die Arme der Nacht.

Wie ein Tropfen fiel ich aus der großen Seele
in die Nacht der Erde, und mein kleines Ich zog Kreise,
die in der Weite irgendwo die deinen trafen.
Seitdem weiß ich, daß ich geborgen bin und auf dem Weg.
Ein Gesandter bin ich,
ein Ruf der kosmischen Wildnis,
die in mir das Fühlen lernen will, und Wege
sind stets Heimwege, die wir zusammen gehen.
Alle – samt dem Irrtum – finden wir ans Licht;
wie freigesetzte Luft am Grund des Meeres
ihren Weg nach oben findet, wo sie zu Hause ist.

Aus der Dunkelheit
griff ein Licht empor
und formte eine kühle Insel
zum Verweilen meines Staunens.
Losgelöst von Schwere
taumelte mein Denken
verspielt und neugierig
über den Wassern,
suchte Halt im Bodenlosen
und Sicherheit im Argument.
Das Argument verließ mich oft
bei Sonnenuntergang,
im Bodenlosen fand ich Halt
auch in der Dunkelheit.
Ich nannte ihn Dank.

Beseelte Dunkelheit,
vorgeburtliches Licht.
Aus der Tiefe wirft es
ein goldenes Ahnen voraus,
in dem wir manchmal baden,
ohne es zu wissen.
Wasser ist ein Stoff der Seele;
sie schwimmt darin
so selbstverständlich
wie ein Schwan.
Zarte Nebel nähren sie
wie geistige Enzyme
und bergen sie
aus der kalten Klarsicht
und der Überhelle
des Intellekts.

Das Gold meiner Jahre
breite ich dir hin
wie einen Seidenmantel,
im Samt meines Sandes
will ich deine Spuren spüren,
deine nackten Füße kosen
und dein Ohr betören
mit magischen Rhythmen
und rauschenden Symphonien.
Wenn ich deinen Blick
über meinen Weiten fühle,
weiß ich stets,
ob du ein Schiff meinst,
das am Horizont balanciert,
oder das bewunderst,
wovon ich durch mein Dasein künde.
Ich bin da, um auf dich zu warten,
daß du kommst und mich begreifst.
Ein einziger
Seufzer der Freude von dir
nährt mich für eine Ewigkeit.

Ich bin ein Kind des Meeres,
ein Ton im Generalbaß seiner Brandung,
ein Glitzern im Rhythmus seiner Gischt.
Rhythmus ist Leben und Macht;
er taucht ein kleines Einzelnes
in die Wucht der Aneinanderreihung
im gleichen Maß gerasterter Zeit.
Rhythmus setzt ein Ich der Kraft
ins magische Wir der Wirkung.
Alles wogt zu meiner Mitte.

Wie tausend aufgerichtete Kobras
tobt es auf mich zu,
will mich verschlingen
und mich auftunken
wie einen Tropfen seinesgleichen.

Sie entstand über der Weite des Golfs im Spiel von Sonne und Wind. Nachdem sie geboren war, nannten wir Möven sie Camilla und freuten uns über den schönen Namen für die kleine Wolke. Bei Tag schmückte Camilla den Himmel über der Bucht und lauschte dem Gesang des Windes. Bei Einbruch der Dunkelheit hüllte sie sich in die Schleier der Nacht und träumte vom Rauschen der Wildgänse auf dem Weg nach fernen Kontinenten. Am meisten Spaß machte ihr die Arbeit in der Wetterküche. An Tagen, wo die Wolken tief hängen durften, balgte sie mit uns Möven und wunderte sich, woher wir ihren Namen kannten.

Camilla wuchs heran und war so aufregend anzusehen, daß alle Winde sich nach ihr umdrehten und vor Bewunderung pfiffen. Der Höhenwind wurde ihr bester Freund. Tagelang durchmaßen die beiden die Weiten des Firmaments und Camilla vernachlässigte seinetwegen sogar ein wenig das Wetter.

Eines Tages trug sie der Höhenwind so weit empor, daß sie unversehens mit ihrer Wolle den lieben Gott, der gerade zu einem Mittagsschläfchen ansetzte, an den Füßen kitzelte. „Ups!" rief er aus und kicherte gar versehentlich, als er seine Füße eilig an sich zog.

Seitdem ging mit Camilla eine Veränderung vor. Grobe Belustigungen wurden ihr fremd. Es entstand ein geheimnisvolles Leuchten um sie. Und wenn der Abend seine Seide über das Meer breitete und uns Möven zu den Schlafplätzen rief, stand Camilla noch lange über dem westlichen Horizont, und streute ihr in die Nacht hinübersterbendes Gold in alle Winde. Und jeder, der in der Lage war, das zu sehen, wurde reich.

Sonne und Meer,
wie Schöpfer und Geschöpf,
wie Klang und Wiederklang verbunden,
wie Zeit und Zyklen unzertrennlich,
Drama und zugleich auch Bühne.
Licht und Farben spielt die Sonne,
und das Meer singt Melodien und Rhythmen.
Stets ist irgendwo auf dieser Lady Erde
ein kleiner Mensch mit seiner großen Freude,
– ein zartes, atemloses Ich;
smaragdene Blicke lang taucht es ins Spüren
als willenloses Blatt
im Wind verschwenderischer Zärtlichkeit.

Wo ist der Ort, an dem das Sein geschieht?
Das Geschehen von Zeit, wo ist sein Revier,
oben, unten, diesseits, jenseits?
Kann Geschichte Welten jenseits
ihres Horizonts begreifen
oder nur verbrauchen?
Jede Welt ist ein Facettenspiegel,
der nur zu sehen gönnt,
was man schon fassen kann.
Woher weiß einer um die Freude der Schöpfung
und ihrer Tausendschaften fühlender Wesen?
Aus sich selbst und seiner eigenen
funkelnden Freude über den Wassern.

Und der Geist des Wassers sprach: Sieh die Poesie des Sandkorns in meiner Hand, wo es nicht gefangen ist im Öl eurer Nützlichkeiten; das Flüstern des Lichts in meinem Gesicht, wo es nicht gestorben ist im Staub eurer Firmamente und vor der Blindheit eurer Augen. Ich kann dich lehren, dem Gesang der Blumen zu lauschen, wo er nicht verstummt ist unter dem Gewicht der Maschinen, die ihr manchmal ohne Not in blühende Felder stellt. In magischen Sommernächten hörst du mich atmen in den Liedern der Zikaden, wo nicht der Drill von Einheitsgärten ihre Hochzeiten vereitelt. Der Tanz der Landschaft ist das Echo meiner Bewegungsfreude, wo nicht Grabmäler falscher Architektur und Paläste aus würfelförmigen Argumenten ihr den Atem ersticken.

Vor tausend Jahren erpreßte das Gefühl euer Wissen. Heute stöhnt das Fühlen unter dem Druck eurer Gelehrsamkeit und wird nur frei werden, wo das Wissen zu seinem Diener geworden ist. Hinter dem Fühlen wacht die Stille des Herzens vor den zahlreichen Pforten zur Wahrheit. Ich bin fließende Wahrheit und schließe Licht und Dunkel gleichermaßen ein in meinen Sinn. Darum kann ich auch die wilden Blüten deiner Träume aus den Stürmen pflücken.

Und der Geist der Schönheit sprach:
Wenn du zu mir kommst,
laß dein Wissen draußen
und falte dein Denken ein
wie einen treuen Schirm.
Wir wollen einander finden
ohne Bedeutung und Beweis,
ohne Maske und Kleidung.
Wesen an Wesen und Haut an Haut
laß uns über die Wasser schweifen,
und ich flüstere dir übermütig
glitzernde Diamanten ins Ohr,
daß du vor Zärtlichkeit
in tausend Funken platzen wirst.

Odin!
Lange habe ich gewartet,
daß du mit mir sprichst.
Doch solange meine Sprache
die Bedingungen des Verstehens setzte,
wähnte ich nur mächtiges Schweigen um dich.
Ich las voll Sehnsucht in deinen Schatten,
fragte durstig Löcher in den Wind
und forschte hungrig nach Antworten
hinter deinem Licht.
Eines Morgens aber
sprossen meiner Seele Knorpelchen,
die wir Menschen Ohren nennen,
und ich hörte plötzlich, daß du singst –
Tag und Nacht und voller Zauber.
Da habe ich lachen müssen
und hoffte beschämt,
daß dir dies verborgen bliebe.
Jetzt sprichst du zu mir
in deiner symphonischen Sprache,
und kein Teilchen deines Ganzen,
das nicht als Bote des Zorns
oder der Zärtlichkeit
in dein klingendes Wesen paßte.

Im milden Novemberlicht
siehst du manchmal aus
wie flüssige Lava
aus grauem Stahl.
Und stählern
vermag dein Zorn
sich neue Welten
zu erschaffen.
Du treuester Vasall
der Schwerkraft,
voll Macht und Weisheit
ist dein Schaffen.
Gelassen wiegst du
in den Meeren
Galaxien von Plankton, Krill
und tausend andren Wesen.
Du bist der Tänzer
unter den Sternen,
Spielgesell der Stürme,
Wanderer im Hub von
unermüdlichen Gezeiten,
Kurier der Götter zwischen
großem und kleinem Leben.
Das Auge sucht
nach deiner Poesie,
der Leib nach deiner
Reinheit und Kühle,
und das Gedärm der Erde brennt
nach deiner Duldsamkeit.
Wasser, das Du bist,
geheiligt werde Dein Name!

Sein Leib war ein Geschöpf des Windes,
geborgen im Wagnis zwischen Himmel und Erde.
Majestätisch spannte er die Schwingen
in die Böen des scheidenden Tages.
Wie ein Gesang war sein Flug,
wie ein schweigendes Lied,
gebettet in den Tanz von Luft und Raum.
Er wußte nichts von Zeit.
Das Meer unter ihm schwang machtvoll auf und nieder

ganz im Rhythmus seiner Flügel,
so als wäre es sein Echo.
In der Ferne bellte die Brandung
in die Lavafelsen, und der Zorn der Flut
kochte in ihren steinernen Flammen.
Und als am Horizont die Lichter der Menschenhöhlen
zittrig durch den Dunst tauchten,
war auf einmal jede Zelle seines Wesens
aus dem gleichen Stoff gemacht wie Heimkehr.

Meer!
In der Brandung meines Blutes
pocht dein Salz.
Wenn das Denken schweigt,
spür' ich deinen Puls.
in meiner Sehnsucht.
Ich hör' das Atmen deiner Lieder
und den Ruf, den du jahrtausendlang
den Kontinenten in die Flanken pflügst.
Dann zeigst du mir die Fußspur des',
der über die Wasser schreitet.
Du Tanzparkett der Ewigkeit.

Wie der edle Mensch
bist du außen unermüdlich
und innen tief und still,
ein Wunder an Gewicht,
das ohne Schwere ist.

43

Wolken, Sibyllen des Wetters, geboren aus Wasser und Feuer. Als tausend Gesichter des Windes tragen sie den Schweiß der Erde wie eine Botschaft in die Himmel und beschirmen den Planeten vor dem Übermut der Sonne. Sein gläsernes Blut schenken sie ihm wieder und schmücken die himmlischen Wiesen für Spaziergänge munterer Augen. Die Gedanken der Träumer bauen ihre Schlösser darin, die Seufzer der Liebenden nisten in ihren Gärten, machen sich Kuhlen in die Watte und dösen darin Haut an Haut mit der Sehnsucht alles Lebens nach sich selbst. An schläfrigen Sommernachmittagen zupft der Wind seine Wolken feierlich zurecht, und als weiche Ohrensessel eifern sie verspielt um die Gunst der Unendlichkeit, daß sie sich darin niederlasse, um die zarten Füße im Türkis der Bucht zu baden.

45

Über dem Boden unserer Wahrheit
schimmern Lichtmuster höherer Welten.
Unser Glück heißt Teilhaben.
Haben ist nur eine Irrform davon.

47

Gefährten
sind wir alle
und lange schon auf großer Fahrt.
Mit der zarten Haut des Denkens
haben wir einander oft berührt
und spielerisch geforscht
nach den feinen Zeichen
ewiger Geschwisterschaft.
Die Düfte der Gefühle
haben wir geatmet
und wissen doch so wenig.
Nur die tausend Hände des Herzens
sind imstande, Wahrheit zu begreifen.
Alles andere berührt nur Hüllen.
Sie werden immer feiner
im Lauf der Zeiten zwar,
doch bleiben sie
Begrenzung. An jedem Ort,
im Zentrum jedes
klingenden Atoms wartet Es
auf Dich und mich. Wir gehen
einen weiten Weg bis uns die Innensonne
das Geheimnis
jeder Farbe offenbart.
Erst dann wohl
können wir ermessen
was Schönheit ist.

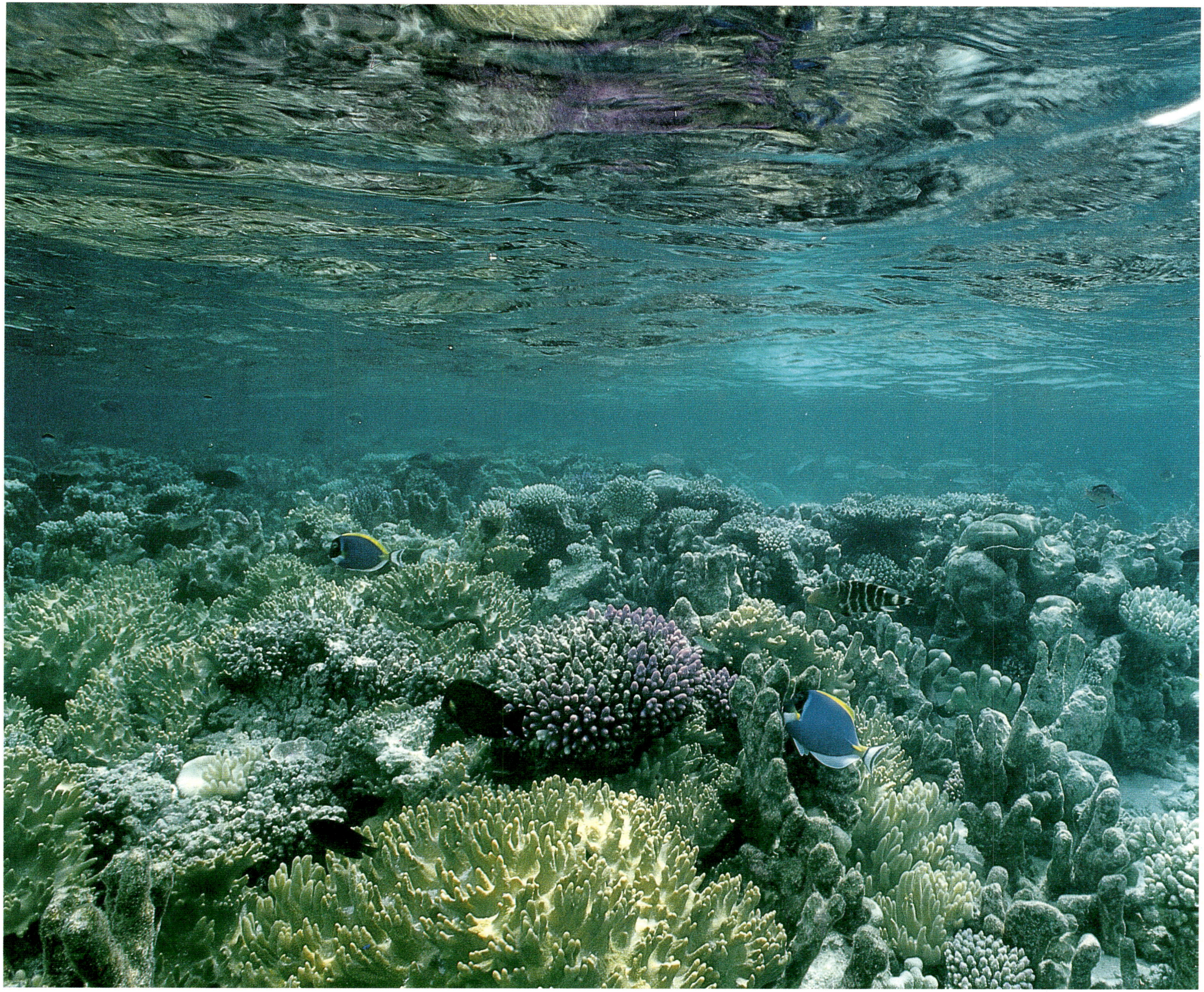

Wenn in den Gärten Poseidons die Felder blühn,
hält meine Seele Hochzeit mit dem Wind.
Dann saust sie wie ein Vogel
zarte Ewigkeiten lang
zwei Handbreit über dem
gekräuselten Licht.
Indessen schwimmt die Dämmerung
mit mir im Boot.

Und später,
wenn es Nacht geworden ist
und meine Seele heimkehrt aus dem Schimmer,
wenn sie dann ihre aufgespürten Schätze
in mein Wesen breitet,
werden wir wie Kinder
eine Weile ferne Welten träumen,
die Dämmerung, meine Seele und ich.

Auf eine Schicht Leben
kommen unzählbare Schichten
Licht und Schatten.
Ich habe die Wahl,
mit meinem Wesen
in die Wirklichkeit zu ragen
als Halbinsel der Unendlichkeit
oder Stützpunkt der Hölle.

Wir sind Brücken zwischen Licht und Finsternis.
Unsere Körper sind Antennen des Erdgeistes,
Verästelungen seiner Sehnsucht nach Leben und Bewußtheit.
Unser Herz aber ist ein Bote der Unendlichkeit,
die mit dem Menschen Wurzeln in die Schwerkraft schlägt,
um den Segen von Gewicht und Grenzen zu erfahren.
Liebe ist einer der Namen der Schöpfung,
und in jeder Sekunde brennt irgendwo
das Feuerchen eines bebenden Staunens
ob der Übermacht des Möglichen.

Wenn du die Segel deiner Sehnsucht
in den Horizont stellst,
wirst du dir beglückende Erfahrungen
und aufwühlende Kämpfe einhandeln
mit dem Wind.

Das Schauen keimt im Garten der Phantasie,
es ist ein Enkel der Finsternis,
die nach den Sternen griff,
ein Kind der Wahrheitsliebe,
die der Schattenwelt entsprang.
Schauen ist der Kammerdiener der Seele,
ein Fragen mit dem inneren Blick
ohne das Erwarten einer Antwort.
Schauen ist absichtsloses Sehen
mit den Augen des Herzens.

Voller Lust und Leben
setzen Wettergeister Symphonien in Szene.
Sie feiern ihre Feste täglich
verschwenderisch in Licht und Farbe.
Für einen staunenden Atemzug
taucht mein Herz in ihren Frieden,
und ein ganzes Tagwerk der Elemente
paßt in einen einzigen Blick.

Wie ein Fischer seine Netze in die Flut
so wirft der Weltenmacher
seine Schönheit in das Schweigen.
Wie modelliert aus Zeit und Licht
fängt sich darin spielerisch
die Andacht eines Abends.
Im späten Licht der Sonne
entsteht ein Bilderbuch aus Wundern.
Sachte schließt der Tag die Pforten,
öffnet sie nach innen und führt das Schauen
in die Gastlichkeit der Seele.

Als das Licht sich in die Form verliebte, erwachte die Anmut des Planeten. Das Licht verzauberte die Form, und sie wurde zur Mutter des Schattens, der das Licht dem Sinn erfahrbar macht. Bei Tage waren sie unzertrennlich, erzählten einander tausend Geschichten und wurden nicht müde, immer neue zu erfinden. Als der Abend kam, wurde das Licht traurig, weil es die Form verlassen mußte, und die Form verbarg ihren Schmerz in der Dunkelheit. Das rührte die Unendlichkeit und sie erfand den Mond. Jetzt kann man Licht und Form in manchen Nächten turteln sehen und kann die Früchte ihrer Liebe pflücken. Und wer die Stille pflegt, hört sie ganz verrückte Zärtlichkeiten flüstern.

Wie sehr dein helles Violett
zu deiner Feierstimmung paßt!
Wenn du das Meer und deinen Seidenhimmel
manchmal provokant
über meine Blindheit wirfst,
weckst du in mir Staunen und Dank
und stellst mich glühend
neben dich und deinen Feuerball
im westlichen Fenster des Tages.

Meine Finsternis
gebar in mir die Sehnsucht
und den Keim des Schauens. Am Anfang
war das Wort. Sein Antlitz habe ich
so oft mit meinem dürren Blick betastet,
aber nicht begriffen. Als jedoch die
Morgenröte einmal mit mir das Lager teilte,
schnitt mir das Gefühl in liebevoller
Hinterlist eine blutende Wunde
in die Rinde meines Ich.
Seitdem kann ich vor Freude weinen.

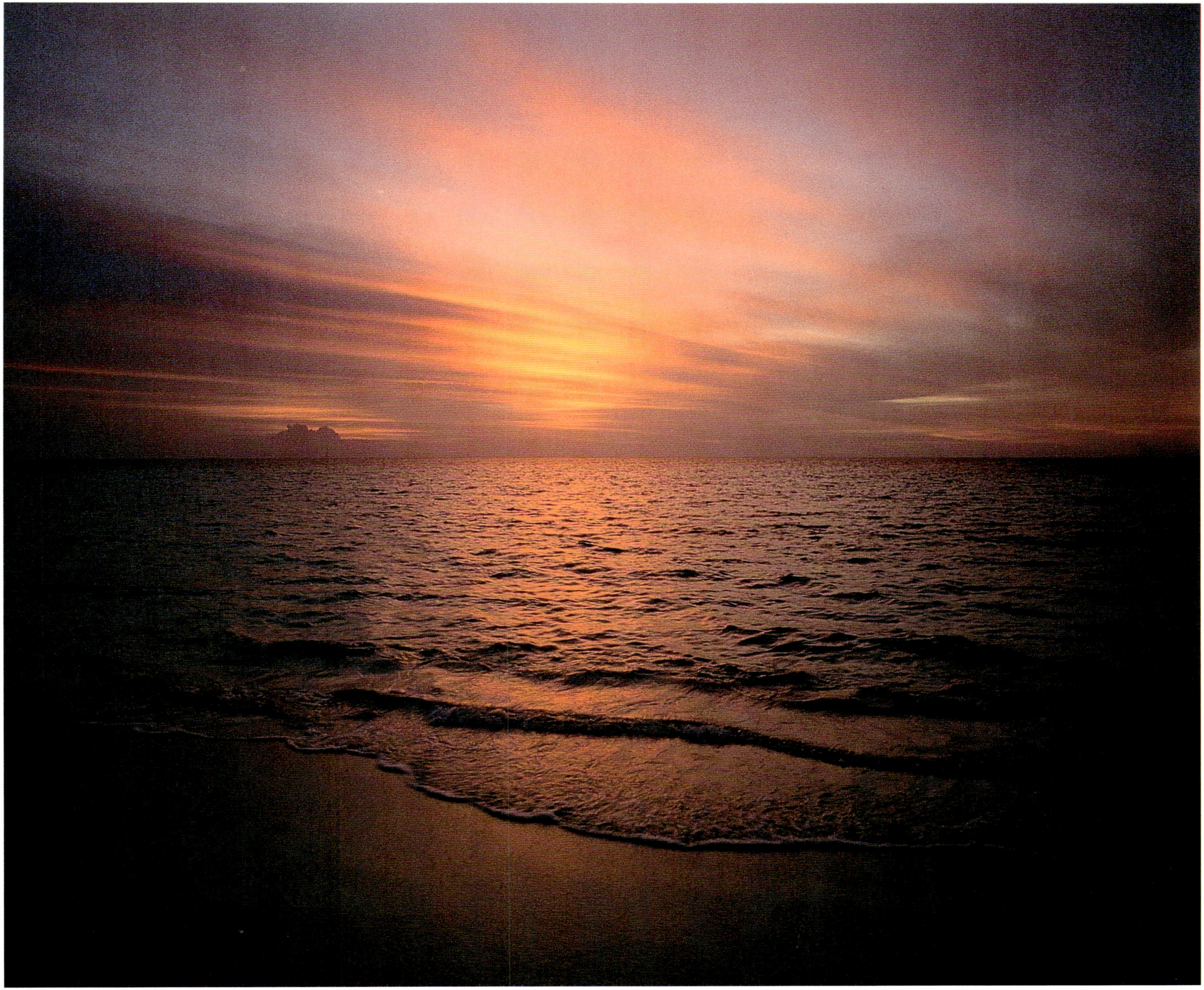

Auf den Pfaden der Firmamente eilen die Phantasien des Menschen mit mächtigen Schwingen und warmem Blut der Zeit voraus. Indes spricht sein Leib mit der Erde, singt seine Seele über den Wassern, atmet sein Denken in den Lüften und nährt sich seine Liebe vom Feuer der Sonne. Wer von uns gleicht dem ziehenden Schwan, wem sind Weite und Freiheit so wertvoll wie deren Begrenzungen, wer kennt gleichermaßen Verweilen und Aufbruch und versucht, nicht heute zu erreichen, was ihm erst morgen gemäß ist? Kein Weg, der nicht ins Morgen führte. Doch nur im Heute gibt es die Gnade der Wahl, in welchen Mustern und Farben die Fäden des Kommenden in die Netze der Zeit gewoben werden.

Zu den Bildern

Die Aufnahmen dieses Buches entstanden im Zeitraum von fünf bis sechs Jahren in den verschiedensten Gegenden der Erde. Sie wurden ausnahmslos mit Nikon-Kleinbildkameras und Objektiven von 20 bis 500 Millimeter Brennweite auf Diafilm gemacht. Die Unterwasseraufnahmen habe ich mit einer Nikonos-Unterwasserkamera fotografiert. Bei den Aufnahmen wurden keinerlei Farb- oder sonstige Effektfilter verwendet.

Seite 6: Ein Tautropfen im Gegenlicht, aufgenommen mit dem Micro-Nikkor-Objektiv.

Seite 7: Ein kleiner Kosmos im Eis: beim Gefrier-Vorgang eingeschlossene Luftblasen.

Seiten 8/9: Bergbach, aufgenommen vom Stativ mit der relativ langen Belichtungszeit von ¼ Sekunde, um das Fließen des Wassers so deutlich wie möglich zum Ausdruck zu bringen.

Seiten 10/11: Ein kleiner Wasserfall und ein Gebirgsbach im Berchtesgadener Land in den bayerischen Alpen.

Seiten 12/13: Eine Wasseramsel an einem Gebirgsbach, aufgenommen mit dem 500-mm-Spiegeltele sowie ein Bachdetail mit Stein.

Seiten 14/15: Triberger Wasserfall im Schwarzwald, einer der längsten Wasserfälle Deutschlands.

Seiten 16/17: Islands längster Fluß, die Thjórsá, auf dem Weg zum Meer, aufgenommen im Gegenlicht mit dem 300-mm-Objektiv.

Seiten 18/19: Morgenstimmung nach einem Nachtgewitter am bayerischen Chiemsee. Das Bild daneben entstand am Klöntaler See in den Schweizer Alpen.

Seiten 21–23: Eine unendliche Vielfalt sich blitzschnell verändernder Muster, Reflexe und Spiegelungen erzeugt das Spiel der Wellen selbst an kleinsten Gewässern. Um sie scharf auf den Film zu bannen, bedarf es einer Belichtungszeit von mindestens 1/1000 Sekunde.

Seiten 24/25: Durch die Nebelschleier brechende Morgensonne an einem Herbsttag am Chiemsee, aufgenommen bei kleinster Blende und gering empfindlichem Film.

Seiten 26/27: Im Abendlicht tanzende Wasserspiegelungen, links in Form von Flammenzungen, rechts als Kreis, den ein nach einem Insekt schnappender Fisch erzeugt hat.

Seiten 28/29: Ein Schwan gleitet durch die sich in der Morgensonne langsam auflösenden Nebelschleier.

Seiten 30/31: Die Konturen der auf den Strand rollenden Wellen zeichnen sich nach dem Ablaufen noch für wenige Sekunden im Licht der Abendsonne ab. Hintereinander gestaffelt wie Schützenketten donnern auf dem Bild daneben riesige Dünungswellen auf den Strand des „Sunset beach" auf der Hawaii-Insel Oahu. Ein 300-mm-Teleobjektiv ließ die Wellen noch dichter aneinanderrücken.

Seite 33: Eine von der Abendsonne beleuchtete Kumuluswolke über dem Indischen Ozean.

Seiten 34/35: Sonnenuntergang an der portugiesischen Atlantikküste. Das Bild daneben entstand im Süden Portugals an der Algarve. Der Strand wurde von einer Steilküste aus fotografiert.

Seite 37: Die Flut weicht zurück und hinterläßt im friesischen Watt unzählige kleine Priele. Was im ersten Moment wie ein aus der Luft fotografiertes Flußdelta aussieht, ist in Wirklichkeit keine zwei Quadratmeter groß.

Seiten 38/39: Sturmwolken wälzen sich drohend über der Küste Korsikas heran. Letzte Sonnenstrahlen in der schon kurz darauf dicht geschlossenen Wolkendecke werfen noch einige Reflexe auf das Wasser.

Seiten 40/41: Fast schwerelos schwebt eine Seeschwalbe über einem gewaltigen Brecher an der Südküste Islands. Aufgenommen wurde das Bild in einer 1/1000 Sekunde mit dem 300-mm-Tele auf 400-ASA-Film. Mit ähnlichen Aufnahmedaten, doch diesmal an der kalifornischen Pazifikküste, wurde die stürmische Brandung daneben eingefangen.

Seiten 42/43: Am gleichen Ort, diesmal jedoch nur mit einem „Normal"-Objektiv, wurde diese Szenerie auf einen 64-ASA-Film gebannt.

Seiten 44/45: In der hohen Luftfeuchtigkeit über dem Indischen Ozean entwickeln sich gegen Mittag derartige Wolkengebirge. Während das Bild rechts mit einem Weitwinkel und „normaler" Kamera abgelichtet wurde, entstand das linke Bild mit einer Nikonos-Unterwasserkamera, die mit einem 15-mm-Objektiv bestückt war. Indem ich das Objektiv ganz dicht an die Wasseroberfläche hielt, wurde oben noch ein Teil des Wolkenhimmels eingefangen. Beide Bilder entstanden kurz hintereinander im seichten Wasser vor einer Malediven-Insel.

Seiten 46–49: Ebenfalls mit der Nikonos und dem 15-mm-Weitwinkel entstanden diese vier Aufnahmen. Besonders faszinierend finde ich es bei solchen Unterwasseraufnahmen, auch die Wasseroberfläche mit ins Bild einzubeziehen. In ihr spiegeln sich meist all die Farben und Strukturen des Untergrundes wider. Alle Bilder entstanden auf den Malediven.

Seiten 50/51: Zweimal Licht-Schatten-Spiele auf dem Wasser, einmal am bayerischen Chiemsee, beim Bild daneben auf dem Mittelmeer, fotografiert von einer Steilküste Sardiniens aus.

Seiten 52/53: Morgenlicht über dem Indischen Ozean. Das starke Gegenlicht im linken Bild gibt das Wasser nur noch als schwarzen Streifen wieder. Im Hintergrund eine winzige, baumbestandene Insel. Auf dem rechten Bild ist diese Insel unten links ebenfalls erkennbar. Ein einheimisches Fischerboot, auf den Malediven Dhoni genannt, läuft gerade zum Fang aus.

Seiten 54–59: Licht- und Wolkenstimmungen über dem Indischen Ozean im Bereich der Malediven. Der Monsun und die damit verbundene hohe Luftfeuchtigkeit zaubern hier vor allem in den Morgen- und Abendstunden immer wieder neue, faszinierende Schauspiele über den Horizont.

Seite 60: Zwei ziehende Schwäne am Abendhimmel, dessen Wolken ja ebenfalls nur aus Wasser bestehen, bilden den Ausklang der Exkursion zum Urstoff unserer Erde.

© 1990 ISBN 3-475-52655-7
Dieses Buch erscheint in der Reihe „Rosenheimer Raritäten" im
Rosenheimer Verlagshaus Alfred Förg GmbH & Co. KG, Rosenheim.
Es wurde gesetzt in der Optima, System Berthold,
von Fotosatz-Service Weihrauch, Würzburg, gedruckt vom
Landesverlag, Linz, gebunden von Conzella, München.
Die Lithographie besorgte Lanarepro, Lana (Südtirol).
Den Umschlag gestaltete Ulrich Eichberger, Innsbruck.